I0164032

Todos los libros de Linkgua Ediciones cuentan con modelos de Inteligencia Artificial entrenados por hispanistas. Pregúntale al chat de tu libro lo que desees acerca de la obra o su autor/a.

Para ebooks: Accede a nuestro modelo de IA a través de este enlace.

Para libros impresos: Escanea el código QR de la portada con tu dispositivo móvil.

Obtén análisis detallados de nuestros libros, resúmenes, respuestas a tus preguntas y accede a nuestras ediciones críticas generativas para una experiencia de lectura más enriquecedora.
La transparencia y el respeto hacia la autoría de las fuentes utilizadas son distintivos básicos de nuestro proyecto. Por ello, las respuestas ofrecen, mediante un sistema de citas, las fuentes con las que han sido elaboradas.

José Rizal

El Consejo de los dioses

Barcelona 2024
Linkgua-ediciones.com

Créditos

Título original: El consejo de los dioses.

© 2024, Red ediciones S.L.

e-mail: info@linkgua-ediciones.com

Diseño de cubierta: Michel Mallard.

ISBN rústica ilustrada: 978-84-9816-704-7.
ISBN ebook: 978-84-9897-887-2.

Cualquier forma de reproducción, distribución, comunicación pública o transformación de esta obra solo puede ser realizada con la autorización de sus titulares, salvo excepción prevista por la ley. Diríjase a CEDRO (Centro Español de Derechos Reprográficos, www.cedro.org) si necesita fotocopiar, escanear o hacer copias digitales de algún fragmento de esta obra.

Sumario

Créditos   4

Brevísima presentación   7
    La vida   7

El consejo de los dioses   9

Acto único   11
    Escena I   11
    Escena II   12

Libros a la carta   29

Brevísima presentación

La vida

José Protacio Rizal Mercado y Alonso Realonda (19 de junio de 1861, Calamba-30 de diciembre de 1896, Manila), fue patriota, médico y hombre de letras inspirador del nacionalismo de su país.

Rizal era hijo de un próspero propietario de plantaciones azucareras de origen chino. Su madre, Teodora Alonso, fue una de las mujeres más cultas de su época.

La formación de José Rizal transcurrió en el Ateneo de Manila, la Universidad de Santo Tomás de Manila y la de Madrid, donde estudió medicina.

Más tarde estudió en París y Heidelberg.

Noli me Tangere, su primera novela, fue publicada en 1886, seguida de *El Filibusterismo*, en 1891. Por entonces editó en Barcelona el periódico *La Solidaridad* en el que postuló sus tesis políticas

Pese a las advertencias de sus amigos, Rizal decidió regresar a su país en 1892. Allí encabezó un movimiento de cambio no violento de la sociedad que fue llamado «La Liga Filipina». Deportado a una isla al sur de Filipinas, fue acusado de sedición en 1896 y ejecutado en público en Manila.

El consejo de los dioses

Con el recuerdo del pasado entro en el porvenir.

ALEGORÍA ARREGLADA EN FORMA TEATRAL
Por Lope Blas Hucapte

Juicio crítico

En el Certamen literario para conmemorar el CCLXIV aniversario del inmortal Cervantes que celebró el Liceo Artístico Literario de Manila el 23 de abril de 1880, se concedió como premio a la mejor de las composiciones en prosa, una sortija con un camafeo que lleva el busto de Cervantes.

Al referirse al resultado obtenido en el certamen abierto para este aniversario y después de señalar que se habían presentado 14 pliegos, de los cuales fueron rechazados todos menos los que llevaban los números 1 y 12, dice el Jurado: «Leídos ambos trabajos, los que suscriben no han vacilado en la adjudicación del premio, atendida la superioridad de la alegoría marcada con el número 12», y después de hacer un extracto del trabajo el Consejo de los dioses, cuyo lema era «Con el recuerdo del pasado entro en el porvenir», se expresa así: «Como se ve, la idea y el argumento de la obrita son de gran originalidad, a lo que debe añadirse la circunstancia de brillar en toda ella un estilo correcto hasta lo sumo, una admirable riqueza de detalles, delicadeza de pensamientos y figuras y, por fin, un sabor tan helénico que figura el lector encontrarse saboreando algún delicioso pasaje de Homero, que con tanta frecuencia nos describe en sus obras las Olímpicas sesiones. Tantas y tan preciadas cualidades han pesado en el ánimo de los que suscriben para, sin discusión, ni vacilación siquiera, preferir este trabajo al marcado con el número 1.»[1]

---

1   Vide: Revista del Liceo Artístico-Literario de Manila de 23 de abril de 1880 p. 41, pudiendo leerse íntegra esta obra de nuestro Héroe, en la p. 43.

Acto único

Júpiter sentado en el trono de oro y piedras preciosas y llevando en la mano el cetro de ciprés, tiene a sus pies al águila, cuyo plumaje de acero refleja mil diversos colores: los rayos, sus terribles armas yacen en el suelo. A su derecha está su esposa, la celosa Juno, con refulgente diadema, y el vanidoso pavo real. A su izquierda la sabia Palas (Minerva), hija y consejera, adornada de su casco y terrible égida, ciñendo el verde olivo y sosteniendo gallardamente su pesada lanza. Formando severo contraste está Saturno, acurrucado y mirando desde lejos tan hermoso grupo. En gracioso desorden hállanse la hermosa Venus, recostada en un lecho de rosas, coronada de oloroso mirto, y acariciando al Amor; el divino Apolo, que pulsa blandamente su lira de oro y nácar y jugando con las ocho Musas,[2] mientras que Marte, Belona, Alcides y Momo cierran aquel círculo escogido. Detrás de Júpiter y de Juno se hallan Hebe y Ganímedes.

Hacia el lado derecho de Júpiter se halla la Justicia, sentada en su trono, teniendo en las manos sus atributos.

Escena I

2   Las Musas eran nueve hermanas hijas de Júpiter y de Mnemosina, diosa de la memoria. He aquí los nombres de las ocho que aquí se citan: Calíope, musa de la poesía heroica; Melpómene, musa de la tragedia; Talía, musa de la comedia; Polimnia, musa de la retórica; Erato, musa de la poesía lírica; Euterpe, musa del canto y de la música, Urania, musa de la astronomía, y Clío, musa de la historia.

Los dioses y las diosas y las ocho Musas mencionados. Llegan la musa Terpsícore[3] primeramente, y después las Ninfas, las Náyades y las Ondinas bailando y esparciendo flores al son de las liras de Apolo y de Erato y de la flauta de Euterpe. Después de la danza todos se colocan a ambos lados del escenario.

Escena II

(Dichos y Mercurio.)

(Llega Mercurio y quitándose de la cabeza el gorro frigio habla:)

Mercurio   He cumplido ya tus mandatos, soberano Padre; Neptuno y su corte no pueden venir, pues temen perder el imperio de los mares, a causa del actual arrojo de los hombres; Vulcano aún no ha terminado los rayos que le encargaste para armar al Olimpo y los está concluyendo; en cuanto a Plutón ...

Júpiter   (Interrumpiendo a Mercurio.)

¡Basta! Tampoco los necesito. Hebe, y tú, Ganímedes, repartid el néctar para que beban los inmortales.

---

3   Terpsícore, musa de la danza y es la última de las nueve hermanas.

(Mientras Hebe y Ganímedes llenan su cometido, llegan Baco y Sileno, éste a pie y aquél montado en una burra con el tirso en la mano y verdes pámpanos en las sienes, cantando:)

> «El que vivir desea
> Y divertirse,
> Abandone a Minerva:
> Mis viñas cuide...»

Minerva (En alta voz.)
     ¡Silencio! ¿No ves que el poderoso Júpiter ha de hablar?

Sileno   ¿Y qué? ¿Se ha enfadado el vencedor de los Titanes? Los Dioses toman el néctar: por consiguiente, puede cualquiera expresar su alegría de la manera como le plazca; pero ya veo que mi discípulo te ha ofendido y tomas por pretexto ...

Momo   (Con voz socarrona.)
     Defiéndele, Sileno, porque no digan que tus discípulos son unos impertinentes.

Minerva (Trata de replicar, pero Júpiter la contiene con un gesto. Entonces manifiesta Minerva su desprecio con una sonrisa tan desdeñosa que altera la delicada severidad de sus hermosos labios.)

(Después de tomar todos los Dioses, de la inmortal bebida, comienza a hablar.)

Júpiter	Hubo un tiempo, excelsos dioses, en que los soberbios hijos de la tierra pretendieron escalar el Olimpo y arrebatarme el imperio, acumulando montes sobre montes, y lo hubieran conseguido, sin duda alguna, si vuestros brazos y mis terribles rayos no los hubieran precipitado al Tártaro, sepultando a los otros en las entrañas de la ardiente Etna. Tan fausto acontecimiento deseo celebrar con la pompa de los inmortales, hoy que la Tierra, siguiendo su eterna carrera, ha vuelto a ocupar el mismo punto en su órbita, donde giraba entonces. Así, que yo, el Soberano de los dioses, quiero que comience la fiesta con un certamen literario. Tengo una soberbia trompa guerrera, una lira y una corona de laurel esmeradamente fabricadas: la trompa es de un metal, que solo Vulcano conoce, más precioso que el oro y la plata; la lira, como la de Apolo, es de oro y nácar, labrada también por el mismo Vulcano, pero sus cuerdas, obra de las Musas, no conocen rivales, y la corona, tejida por las Gracias, del mejor laurel que crece en mis jardines inmortales, brilla más que todas las de los reyes de la Tierra. Las tres valen igualmente, y el que haya cultivado mejor las letras y las virtudes, ese será el dueño de tan magníficas alhajas. Presentadme, pues, vosotros el mortal que juzguéis digno de merecerlas.
Juno	(Se levanta en actitud arrogante y altiva.) Júpiter, permíteme que hable la primera, como tu esposa y madre de los dioses más poderosos.

Ninguno mejor que yo podrá presentarte el mortal más perfecto que el divino Homero. Y a la verdad, ¿quién osará disputarle la supremacía, así como ninguna obra puede competir con su Ilíada, valiente y atrevida, y su reflexiva y prudente Odisea? ¿Quién, como él, ha cantado tu grandeza y la de los demás dioses, tan magníficamente como si nos hubiera sorprendido en el Olimpo mismo y asistido a nuestras asambleas? ¿Quién contribuyó más a que el odoro incienso de la Arabia se quemase abundantemente ante nuestras imágenes y se nos ofreciesen pingües hecatombes, cuyo sabroso humo, subiendo en caprichosos espirales, nos era tan grato que aplacaba nuestras iras? ¿Quién, como él, refirió las batallas más sublimes en más hermosos versos? Él cantó a la divinidad, al saber, a la virtud, el valor, al heroísmo y a la desgracia, recorriendo todos los tonos de su lira. Sea él el premiado; pues creo, como cree el Olimpo entero, que ninguno se ha hecho más acreedor a nuestras simpatías.

Venus   Perdona, hermana y esposa del grandioso JOVE, si no soy de tu respetable opinión. Y tú, Júpiter, visible tan solo para los inmortales, sé propicio a mis súplicas. Ruégote no permitas que al cantor de mi hijo Eneas le venza Homero. Acuérdate de la lira de Virgilio, que cantó nuestras glorias y moduló las quejas del amor desgraciado; sus dulcísimos y melancólicos versos conmueven el alma: él alabó la piedad, encarnada en el hijo de Anchises: sus combates no son menos bellos que los que se efectuaron a los pies de los muros troyanos; Eneas es más grande y piadoso que el iracundo Aquiles: en fin, en mi sentir, Virgilio es muy superior al poeta de Chío. ¿No es verdad que él llena todas las cualidades que tu sagrada mente ha concebido?

(Dicho esto se acomoda graciosamente en su lecho, cual la graciosa Ondina que, medio reclinada en blanca espuma de las azules olas, forma la joya más preciosa de un hermoso y poético lago.)

Juno   (Airada.)

¡Cómo! ¡Cómo el poeta romano ha de ser preferido al griego! ¿Virgilio, imitador tan solo, ha de ser mejor que Homero? ¿De cuándo acá la copia ha sido mejor que el original? ¡Ah, hermosa Venus! (En tono desdeñoso). Veo que estás equivocada, y no lo extraño; porque no tratándose de amores no estás en tu juicio; además, el corazón y las pasiones jamás supieron discurrir. Deja el asunto; te lo suplico por tus innumerables queridos...

Venus   (Interrumpiendo ruborizada.)

¡Oh, bellísima Juno, tan celosa como vengativa! a pesar de tu buena memoria, que siempre se acuerda de la manzana de oro que injustamente fue negada a tu renombrada y nunca bien ponderada hermosura, miro con disgusto que te olvides de lo groseras que nos ha hecho tu favorito

Homero. Empero, si por tu parte le encuentras razonable y verídico, sea esto en buen hora, y te felicito por ello; pero por lo que a mi me toca, los dioses del Olimpo digan ...

Momo   (Interrumpiendo a Venus.)
        ¡Sí! Que digan que tú alabas a Virgilio, porque él se ha portado bien contigo; que Juno defiende a Homero, pues él es el cantor de las venganzas; que os hacéis mutuas caricias y atentos cumplidos. Pero, tú, Júpiter, ¿por qué no intervienes en las disputas y te estás allí, como el ignorante, que oye embobado las trilogías en las fiestas olímpicas?

Juno   (En alta voz.)
        ¡Esposo! ¿Por qué permites que nos insulte así este monstruo deforme y feo? Échale del Olimpo, pues su aliento infesta. Además...

Momo   ¡Gloria a Juno, que nunca insulta, pues solo me llama feo y deforme!

(Los dioses se ríen.)

Juno   (Palidece, su frente se arruga, y lanza una fulminante mirada a todos, especialmente a Momo.)
        ¡Calle el dios de la burla! ¡Por la laguna Stygia! ... Pero dejemos eso, y hable Minerva, cuya opinión ha sido siempre la mía desde lejanos tiempos.

Momo	¡Sí! Otra como tú ilustres mequetrefes, que os halláis allá donde no debéis estar.
Minerva	(Aparenta no oírle. Levanta su casco, descubre su severa y tersa frente, mansión de la inteligencia, y con voz argentina y clara, exclama.)

Minerva: Te ruego me oigas, poderoso hijo de Saturno, que conmueves el Olimpo al fruncir tu ceño terrible, y vosotros, prudentes y venerandos dioses que presidís y gobernáis a los hombres, no toméis a mal mis palabras, siempre sometidas a la voluntad del donante. Si por acaso mis razones carecen a vuestros ojos de peso, dignaos rebatirlas y pesarlas en la balanza de la justicia. Hay en la antigua Hesperia, más allá de los Pirineos, un hombre cuya fama ha atravesado ya el espacio que separa al mundo de los mortales del Olimpo, ligera cual rápida centella. De ignorado y oscuro que era, pasó a ser juguete de la envidia y ruines pasiones, abrumado por la desgracia, triste Destino de los grandes genios. No parece otra cosa sino que el mundo, extrayendo del Tártaro todos los padecimientos y torturas, los ha acumulado sobre su infeliz persona. Más a pesar de tantos sufrimientos e injusticias no ha querido devolver a sus semejantes todo el dolor que de ellos recibiera, sino por piadoso y demasiado grande para vengarse, trató de corregirles y educarles, dando a luz su obra inmortal, el Don Quijote. Hablo, pues, de Cevantes, de ese hijo de la España, que más tarde será su orgullo, y que ahora perece en la más espantosa miseria.

El Quijote, su parto grandioso, es el látigo que castiga la risa; es el néctar que encierra las virtudes de la amarga medicina; es la mano halagüeña que guía enérgica a las pasiones humanas. Si me preguntáis por los obstáculos que superó, servíos escucharme un momento, y lo sabréis. Hallábase el mundo invadido por una especie de locura, tanto más triste y frenética cuanto más extendida estaba por las imbéciles plumas de imaginaciones calenturientas, cundía por todas partes el mal gusto y gastábase inútilmente en lecturas perniciosas, cuando hé aquí que aparece esa luz brillante que disipa las tinieblas de la inteligencia; y cual suelen las tímidas aves huir al divisar al cazador o al oír el silbido de la flecha, así desaparecieron los errores, el mal gusto y las absurdas creencias, sepultándose en la noche del olvido. Y si bien es verdad que el cantor de Ilión, en sus sonoros versos, abrió el primero el templo de las musas, y celebró el heroísmo de los hombres y la sabiduría de los inmortales; que el cisne de Mantua consalzó la piedad del que libró a los dioses del incendio de su patria y renunció a las delicias de Venus, por seguir tu voluntad; tú, el más grande de los dioses todos, y que los más delicados sentimientos brotaron de su lira, y su melancólico estro transporta a la mente a otras regiones; también no es menos cierto que ni uno ni otro mejoró las costumbres de su siglo, cual hizo Cevantes. A su aparición, la Verdad volvió a ocupar su asiento, anunciando una nueva Era al mundo, entonces corrompido. Si me preguntáis por sus bellezas, a pesar de conocerlas yo, os envío a Apolo, único juez en este punto, y preguntadle si el autor del Quijote ha quemado incienso en sus inmortales aras.

Apolo   Con el placer con que acoges en serena noche las quejas de Filomena, así serán gratas para ti mis razones, padre mío. Las nueve Hermanas y yo leímos en los jardines del Parnaso ese libro de que habla la sabia Minerva. Su estilo festivo y su acento agradable suenan a mis oídos cual la sonora fuente que brota en la entrada de mi gruta umbría. (Os ruego no me tachéis de apasionado porque Cevantes me haya dedicado muchas de sus bellas páginas.) Si en la extremada pobreza, engendradora del hambre, la miseria y las desgracias, que al infeliz de continuo acosan, un humilde hijo mío ha sabido elevar hasta mi sus cantos y armonizar sus acentos, al ofrecerme un tributo mucho más bello y precioso que mi carro reluciente e indómitos caballos; si en la hedionda mazmorra, funesto encierro para mi alma que a volar aspira, su bien cortada pluma supo verter raudales de deslumbradora poesía, mucho más agradables y ricas que las linfas del dorado Pactolo, ¿por qué le hemos de negar la superioridad y no darle la victoria cuál a ingenio el más grande que los mundos vieron? Su Quijote es el libro predilecto de las Musas, y mientras festivo consuela a tristes y melancólicos, e ilustra al ignorante, es al mismo tiempo una historia, la historia más fiel de las costumbres españolas.

Opino, pues, con la sabia Palas, y me perdonen los otros dioses que de mi parecer no participan.

Juno   Si su mayor mérito consiste en haber soportado tantas desgracias, pues en lo demás a ninguno aventaja, ni es que no sale vencido, diré también que Homero, ciego y miserable, imploró en un tiempo la caridad pública (lo que nunca ha hecho Cevantes), recorriendo pueblos y ciudades con su lira, única amiga, y viviendo en la más completa miseria. Esto bien lo recuerdas, ingrato Apolo.

Venus   ¿Y qué? ¿Y Virgilio no ha sido también pobre? ¿No estuvo mucho tiempo manteniéndose con un pan solo, regalo de César? La melancolía que se aspira en sus obras, ¿no dice lo bastante cuánto debió haber sufrido su corazón sensible y delicado? ¿Habrá padecido menos que el brillante Homero y el festivo Cevantes?

Minerva Sin duda, todo esto es cierto; pero vosotros no debéis ignorar que Cevantes fue herido y cautivo por muchos en el inhospitalario suelo del África, donde apuró hasta las heces el cáliz de la amargura, viviendo con la continua amenaza de la muerte.

(Júpiter hace demostraciones de estar conforme con Minerva.)

Marte	(Se levanta y habla con voz atronadora e iracunda.)
	¡No, por mi lanza! ¡No! ¡Jamás! Mientras una gota de sangre inmortal aliente en mis venas, Cevantes no triunfará. ¿Cómo permitir que el libro que echa al suelo mi gloria y ridiculiza mis hazañas se alce victorioso? Júpiter; yo te ayudé en otro tiempo: atiende, pues, ahora a mis razones.
Juno	(Exaltada.)
	¿Oyes, justiciero JOVE, las razones del valeroso Marte, tan sensato como esforzado? La luz y la verdad campean en sus palabras. ¿Cómo, pues, dejaremos que el hombre, cuya gloria el tiempo respetó (y que lo diga Saturno), se vea pospuesto a ese advenedizo y manco, sarcasmo de la sociedad?
Marte	Y si tú, padre de los dioses y de los hombres, dudas de la fuerza de mis razonamientos, pregunta a esos otros, si hay algo que se atreve a sostener los suyos con su brazo.

(Se adelanta arrogante al medio, desafiando a todos con su mirada y blandiendo su acero.)

Minerva	(Con rostro altanero y mirada reluciente, da un paso y exclama con voz tranquila:)
	Temerario Marte; que te olvidas de los campos troyanos do fuiste herido por un simple mortal: si tus razones se fundan en tu espada, las mías no temerán combatirte en tu terreno. Pero para

que no se me tache de imprudente, quiero demostrarte que te equivocas mucho. Cevantes siguió tus banderas, y te sirvió heroicamente en las aguas de Lepanto, donde su vida perdiera, si el Destino no le dedicase a un fin más grande. Si tiró la espada para coger la pluma, fue por la voluntad de los inmortales, y no por despreciarte, como tal vez te lo has imaginado en tu loco desvarío. (Y mas blandamente añade:) No seas, pues, ingrato, tú, cuyo magnánimo corazón es inaccesible al rencor y odiosas pasiones. Puso en ridículo la caballería; porque no era ya conveniente a su siglo; además, no son esas las luchas que a ti te honran, sino las batallas campales; tú lo sabes bien. Estas son mis razones, y si no te convencen, acepto tu reto.

(Dijo, y cual suele caliginosa nube, cargada de rayos, acercarse a otra en medio del Océano cuando el cielo se encapota, así Minerva camina lentamente, embrazando su formidable escudo y enristrando la lanza, mensajera terrible de la destrucción. Tranquila es su mirada, pero aterradora: su voz tiene un sonido que infunde pavor.)

Belona   (Se pone al lado del iracundo Marte, dispuesto a ayudarle.)

Apolo   (Al ver la actitud de Belona, suelta la lira, coge el arco, arranca de la dorada aljaba una flecha, y colocándose al lado de Minerva, tiende el arco, dispuesto a disparar)

(El Olimpo, próximo a desplomarse, se estremece, la luz del día se oscurece, y los dioses tiemblan.)

Júpiter   (Enojado blande un rayo y grita):
             ¡A vuestros asientos, Minerva, Apolo: y vosotros, Marte y Belona! ¡No irritéis mi cólera celeste!

(Cual suelen las carniceras y terribles fieras, encerradas en jaula de hierro, obedecer sumisas a la voz del esforzado domador, así aquellos dioses ocupan respectivamente sus puestos, amedrentados por la amenaza del hijo de Cibeles, quien, al ver su obediencia, más blandamente añade):

             Yo terminaré la contienda: la Justicia pesará los libros con su recta imparcialidad, y lo que ella diga, se seguirá en el mundo, mientras que vosotros acataréis su inmutable fallo.

Justicia   (Desciende de su asiento, se coloca en medio del concurso, sosteniendo su siempre imparcial balanza; mientras que Mercurio coloca en los platillos la Eneida y al Quijote. Después de oscilar por mucho tiempo la aguja marcará al fin el medio, declarando que eran iguales.)

             Venus se asombra, pero calla.

             Mercurio quita del platillo la Eneida, sustituyéndola con la Ilíada.

Una sonrisa se dibuja en los labios de Juno, sonrisa que se disipa rápidamente cuando ve subir y bajar a los dos platillos donde el Quijote y la Ilíada están.

Suspensos están los ánimos: ninguno habla, ninguno respira.

Se ve volar un Céfiro que inmediatamente se posa en la rama de un árbol, para aguardar también la decisión del Destino.

(Al fin ambos platillos se detienen a una misma altura, y allí permanecen fijos.)

Júpiter   (Con voz solemne.)
Dioses y diosas: la Justicia los cree iguales; doblad, pues, la frente, y demos a Homero la trompa, a Virgilio la lira y a Cevantes el lauro; mientras que la FAMA publicará por el mundo la sentencia del Destino, y el cantor Apolo entonará un himno al nuevo astro, que desde hoy brillará en el cielo de la gloria y ocupará un asiento en el templo de la inmortalidad.

Apolo   (Pulsa la lira a cuyo sonido se ilumina el Olimpo, entona el himno de gloria que resuena majestuoso en todo el coliseo.)
«¡Salve, oh, tú, el más grande de los hombres, hijo predilecto de las Musas, foco de intensa luz que alumbrará a los mundos; salve! Loor a tu nombre, hermosa lumbrera, en cuyo derredor

girarán en lo futuro mil inteligencias, admiradoras de tu gloria! ¡Salve, grandiosa obra de la mano del Potente, orgullo de las Españas; flor la más hermosa que ciñe mis sienes, yo te saludo! ¡Tú eclipsarás las glorias de la antigüedad; tu nombre escrito en letras de oro en el templo de la Inmortalidad, será la desesperación de los demás ingenios! ¡Gigante poderoso, serás invencible! Colocado como soberbio monumento en medio de tu siglo, todas las miradas se encontrarán en ti. Tu brazo poderoso vencerá a tus enemigos, cual voraz incendio consume la seca pajilla. ¡Id, inspiradas Musas, y cogiendo del oloroso mirto, laurel bello y rosas purpurinas, tejed en honor de Cevantes inmortales coronas! Pan, y vosotros, Silenos, FAUNOS y alegres Sátiros, danzad en la alfombra de los umbrosos bosques, en tanto que las Nereidas, las Náyades, las bulliciosas Ondinas y juguetonas Ninfas, esparciendo mil aromosas flores, embellecerán con sus cantos la soledad de los mares, las lagunas, las cascadas y los ríos, y agitarán la clara superficie de las fuentes en sus variados juegos.»

(Se ponen a danzar las musas, las ninfas, las náyades, etc. y también Baco, Momo, Sileno y Ganímedes, siendo la principal bailarina la musa Terpsícore. Apolo y Erato tocan la lira, Euterpe la flauta, Clío, la trompeta y Calíope el clarín. Entretanto los dioses y las diosas se ponen a ambos lados del escenario y sus tronos y asientos son transportados también a un lado; se toca la marcha filipina. Se abre un segundo telón, se verá aparecer en el fondo, iluminado fantásticamente, un busto de Cevantes, a cuyo lado izquierdo se halla una estatua de cuerpo entero de Rizal, coronándolo. Será sustituida, entonces, la marcha nacional filipina con la marcha real española.)

Telón.

Libros a la carta

A la carta es un servicio especializado para
empresas,
librerías,
bibliotecas,
editoriales
y centros de enseñanza;
y permite confeccionar libros que, por su formato y concepción, sirven a los propósitos más específicos de estas instituciones.

Las empresas nos encargan ediciones personalizadas para marketing editorial o para regalos institucionales. Y los interesados solicitan, a título personal, ediciones antiguas, o no disponibles en el mercado; y las acompañan con notas y comentarios críticos.

Las ediciones tienen como apoyo un libro de estilo con todo tipo de referencias sobre los criterios de tratamiento tipográfico aplicados a nuestros libros que puede ser consultado en Linkgua-ediciones.com.

Linkgua edita por encargo diferentes versiones de una misma obra con distintos tratamientos ortotipográficos (actualizaciones de carácter divulgativo de un clásico, o versiones estrictamente fieles a la edición original de referencia).

Este servicio de ediciones a la carta le permitirá, si usted se dedica a la enseñanza, tener una forma de hacer pública su interpretación de un texto y, sobre una versión digitalizada «base», usted podrá introducir interpretaciones del texto fuente. Es un tópico que los profesores denuncien en clase los desmanes de una edición, o vayan comentando errores de interpretación de un texto y esta es una solución útil a esa necesidad del mundo académico.

Asimismo publicamos de manera sistemática, en un mismo catálogo, tesis doctorales y actas de congresos académicos, que son distribuidas a través de nuestra Web.

El servicio de «libros a la carta» funciona de dos formas.

1. Tenemos un fondo de libros digitalizados que usted puede personalizar en tiradas de al menos cinco ejemplares. Estas personalizaciones pueden ser de todo tipo: añadir notas de clase para uso de un grupo de estudiantes, introducir logos corporativos para uso con fines de marketing empresarial, etc. etc.

2. Buscamos libros descatalogados de otras editoriales y los reeditamos en tiradas cortas a petición de un cliente.

www.ingramcontent.com/pod-product-compliance
Lightning Source LLC
Chambersburg PA
CBHW020447030426
42337CB00014B/1440